LA ESTRATEGIA CRM

Las claves para aumentar y fidelizar a la clientela

Por Antoine Delers

En colaboración con Anne-Christine Cadiat

Traducido por Marina Martín Serra

Economía y empresa

LAS CLAVES PARA EL ÉXITO

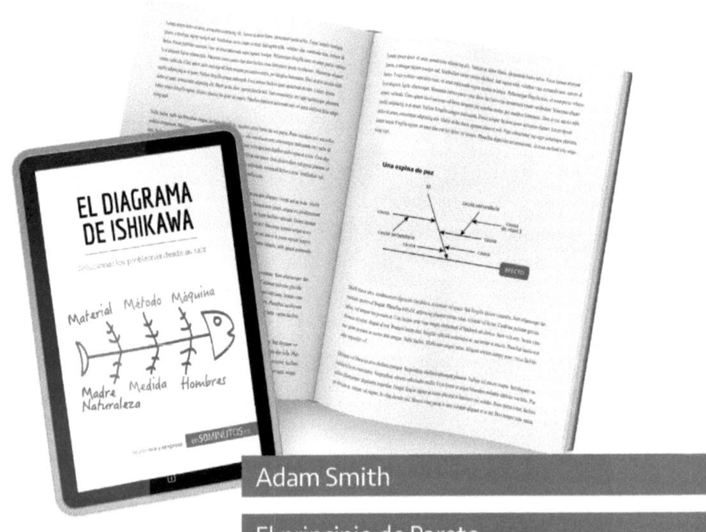

Adam Smith

El principio de Pareto

El estrés laboral

La pirámide de Maslow

EL CRM

- **¿Denominaciones?** CRM (por sus siglas en inglés, *Customer Relationship Management*, es decir, gestión de la relación con el cliente).
- **¿Utilidad?** El planteamiento CRM se usa en el mundo empresarial con el objetivo de optimizar el servicio de atención al cliente, desarrollar la fuerza de ventas y proporcionar herramientas de estadísticas y de seguimiento de los clientes, con finalidades de *marketing* y de gestión de los datos.
- **¿Por qué es eficaz?** El CRM permite mejorar la calidad de la relación con el cliente, personalizar las ofertas, realizar un seguimiento de esta relación, identificar las oportunidades y ofrecer una comunicación multicanal, limitando los esfuerzos por parte de la empresa —a pesar de la masa importante de clientes y de clientes potenciales que hay que gestionar— y garantizando la transmisión del conocimiento del cliente en la empresa.
- **¿Palabras clave?**
  - *Data Mining*: conjunto de las herramientas y de las prácticas de análisis estadístico de bases de datos, en especial de clientes, que permite obtener las informaciones significativas que pueden ser útiles para implementar acciones de *marketing* o de otros tipos.
  - <u>Segmentación de clientes</u>: división y clasificación de clientes en grupos homogéneos, distintos, rentables y alcanzables.
  - <u>Fidelización</u>: conjunto de las acciones necesarias para estimular y mantener la relación con el cliente.

- Prospección: búsqueda de posibles clientes nuevos llamados «clientes potenciales», con el objetivo de convertirlos en consumidores del bien o del servicio ofrecido.
- Desgaste: pérdida de clientes que se produce durante un periodo y que se mide mediante la tasa de desgaste; término opuesto a la retención, que corresponde a la tasa de clientes que se han conservado durante un periodo.
- *Front-office*: opuesto al *back-office* que no es visible para el cliente, el *front-office* comprende los medios humanos y materiales que están directamente en contacto con este último.
- Multicanal: uso de varios medios de comunicación entre la empresa y el cliente, como la venta directa, el teléfono, Internet (redes sociales, correo electrónico, chat, página web de la empresa y formularios), etc.
- KPI (*Key Performance Indicators*): usados en los cuadros de mando en gestión, los indicadores clave de rendimiento son indicadores de dirección y de eficacia que miden los resultados de una actividad como, por ejemplo, una campaña de *marketing*.
- *Marketing one-to-one*: tipo de acciones de *marketing* opuesto al *marketing* masivo, que intenta realizar la comunicación con cada cliente por separado para ofrecerle un servicio personalizado.
- *Life time value*: previsión del valor actualizado del beneficio neto esperado por un cliente durante toda la duración de su relación con la empresa.

Según Richard Branson (emprendedor inglés y fundador

emblemático de Virgin, nacido en 1950), las dos claves que conducen al éxito son las siguientes: contratar a personas con talento y escuchar con atención al consumidor. Este artículo se dedica al segundo punto, puesto que guarda un estrecho vínculo con la escucha del cliente.

DEFINICIÓN DEL MODELO

El CRM designa el conjunto de las estrategias, herramientas y técnicas que permiten registrar, gestionar y enriquecer las relaciones con los clientes —actuales, e incluso los antiguos a los que se quiere reconquistar— y los clientes potenciales.

Esta herramienta, que se ha vuelto indispensable en la mayoría de las grandes empresas, se presenta bajo la forma de un programa homónimo: el CRM. Permite guardar un rastro fiable y preciso del conjunto de los intercambios entre la empresa y el cliente, lo que permite personalizar las interacciones para fidelizarlo, o entre la empresa y el cliente potencial, gracias a herramientas de segmentación integradas. Finalmente, se puede utilizar con objetivos de *reporting*, para sacar estadísticas generales y otros datos clave (KPI).

Una de las particularidades interesantes del CRM es que tradicionalmente está considerado una herramienta de *front-office*, en contraposición con el *back-office*. El *front-office*, que en la jerga económica corresponde a la «parte visible del iceberg», representa la parte de la empresa conocida para los clientes: vendedores, representantes comerciales, cajeros, taquilleros, etc. El *back-office* agrupa el conjunto de herramientas y medios (materiales y humanos) de una empresa cuyos clientes no tienen un conocimiento directo, como los departamentos de contabilidad y finanzas.

- 4 -

TEORÍA Y PRESENTACIÓN DEL CONCEPTO DEL CRM

LOS ORÍGENES

El origen de la relación con el cliente se remonta a épocas pasadas: desde que fue necesario llevar a cabo prospecciones, realizar ventas o proporcionar un servicio posventa, nuestros antepasados utilizaban este concepto, aunque lo hacían sin haberlo definido tal como resulta ser en la actualidad. Habrá que esperar al desarrollo de las tecnologías de la información y la comunicación (TIC) durante los años noventa para que se defina el CRM, y a la década del 2000 para que se utilice en la empresa su aplicación estratégica, por medio del programa homónimo. La competencia cada vez más importante, el elevado coste de prospección en relación con los gastos relacionados con la fidelización, y la masa de clientes debida a la emergencia de la sociedad de consumo son elementos que fomentaron inexorablemente el desarrollo de la gestión de la relación con el cliente.

IMPLEMENTAR UNA ESTRATEGIA CRM EN LA EMPRESA

La gestión de la relación con el cliente, a la que a veces también se llama «gestión de las relaciones con los clientes», agrupa el conjunto de las técnicas y herramientas utilizadas en la empresa para gestionar la masa de clientes, ofreciéndoles un departamento personalizado. La empresa, así, puede dirigirse personalmente a cada cliente, siempre que esté identificado en el sistema y que se le haya asignado un segmento particular. El planteamiento CRM permite optimizar el servicio de atención al cliente y desarrollar la fuerza de ventas de una empresa gracias a herramientas de estadísticas y de seguimiento de los clientes con objetivos de gestión y de *marketing*.

Pero, ¿cómo se puede implementar una estrategia CRM? Con tiempo y recursos suficientes, ¡todo es posible!

Implementación de un CRM

1. Optimización de los datos:
   cleaning, reporting

2. Tecnologías adaptadas:
   sistema ergonómico y accesible para todos
   (perfiles diferentes en función de los empleados)

3. Proceso establecido:
   implementación de un flujo de trabajo y de estrategias

4. Formación y adaptación de los trabajadores:
   a través de una gestión adecuada

EN PRÁCTICA: EL CRM COMO HERRAMIENTA INFORMÁTICA

Actualmente, parece evidente que una estrategia de gestión de la relación con el cliente eficaz (automatización de los procesos de segmentación, prospección, fidelización y análisis de los clientes, etc.) necesita un programa de CRM. Este puede presentarse en forma de aplicación informática accesible en los puestos implicados de la empresa, pero también en forma de e-CRM (CRM en línea), o incluso de m-CRM (CRM móvil, adaptado a las tabletas y *smartphones*). En el mercado actual, existe una gran variedad de soluciones CRM proporcionadas por grupos informáticos, entre los que destaca Microsoft (Microsoft Dynamics CRM), SAP (SAP CRM) y Oracle (Oracle CRM). Estas aplicaciones a menudo están vinculadas con el ERP (*Entreprise Resource Planning*, es decir, planificación de los recursos de la empresa) y proponen una base de datos única y completa puesto que relacionan los datos comerciales, económicos, logísticos, etc.

ERP

COMPRENDER Y VALORIZAR LA RELACIÓN CON EL CLIENTE

Segmentación y prospección

La segmentación de los clientes, o «segmentación *marketing*», permite organizar a los clientes actuales o potenciales en grupos homogéneos, distintos y a los que se les puede dirigir un mensaje hecho a medida y que sea eficaz. Los consumidores de un mismo segmento deben presentar características comunes. Dependiendo de si la clientela es B-to-B (*Business to Business*) o B-to-C (*Business to Consumer*), convendrá seleccionar algunos tipos de criterios para realizar la segmentación:

- las variables geográficas (país, región o localidad);
- las variables firmográficas (sector de actividad, volumen de negocios, número de empleados, etc.);
- las variables sociodemográficas (edad, sexo, número de hijos, ciclo de vida, etc.);
- las variables comportamentales (ventajas deseadas, tiendas visitadas con frecuencia, productos comprados, uso del producto, fidelidad, etc.);
- las variables socioeconómicas (profesión, nivel de ingresos, etc.);
- las variables psicográficas (estilo de vida, valores, personalidad, etc.).

Cada grupo es único y no puede parecerse a otros segmentos o, dicho de otra forma, no debe confundirse con otros. Es necesario poder dirigirse a cada miembro de un grupo y llegar a él a través de la emisión de un tipo de discurso único (por ejemplo, una campaña de *marketing*), comprensible por todas las personas que conforman el grupo. El segmento tiene que tener un tamaño suficiente para ser rentable, y justificar un planteamiento estratégico específico. Finalmente, se tiene que poder medir e instrumentalizar, puesto que es importante poder determinar el número de clientes de este último y atribuir un cliente tipo específico a un segmento dado basado en criterios definidos.

Una vez se ha producido la segmentación, hay que abordar la focalización y la prospección. Según el caso, los grupos de consumidores segmentados son más o menos numerosos. Evidentemente, es inútil preocuparse por todos los grupos definidos, ya que la segmentación permitirá separar por un lado grupos de clientes potenciales y, por otro, los que no son susceptibles de serlo en ningún momento. Elegir concentrarse en uno de los segmentos de consumidores es lo que en jerga económica se llama «focalización». Cuanto más precisa es la focalización, más eficaz resulta la fase de prospección.

Fidelización de los clientes

El segundo enfoque de la gestión de la relación con el cliente es su fidelización. A menudo, se dice que fidelizar un cliente costaría cinco veces menos que obtener nuevos. Siguiendo esta lógica, a una empresa le interesa cuidar bien a sus clientes más importantes. La fidelización, de forma complementaria, aumenta los beneficios por una parte y, por la otra, consolida su posición en el mercado.

La fidelización puede explicarse según el ciclo siguiente: una vez se ha establecido el primer contacto entre la empresa y el cliente, se puede realizar una venta. Si se da el caso, en ese momento preciso el cliente se convierte en «cliente» y empieza a formarse una opinión sobre la relación que nace entre él y el vendedor. A continuación, vienen el uso del producto/la experimentación del servicio propiamente dicho y la posventa, que engloba todas las operaciones de resoluciones de problemas encontrados por los clientes, de propuesta de nuevos productos, etc. Así, la satisfacción del cliente debe estar en el centro de las preocupaciones a lo largo del proceso de fidelización, para que se inicie un ciclo de venta.

La fidelización

Finalmente, es primordial medir y conocer el nivel de fidelización de la clientela. Si, desafortunadamente, no existe una tasa vinculada directamente con esta, el análisis de algunos KPI puede proporcionar una buena estimación.

Entre estos, cabe destacar la tasa de retención (número de clientes conservados en relación con todos los clientes que se han conseguido en un año), y el NPS (*Net Promoter Score*) o Índice de Promotores Neto (IPN), que muestra las notas (del 1 al 10) que los clientes ponen a algunas empresas. Una nota del 0 al 6 sitúa a las empresas en el rango de «detractores», del 7 al 8 en el de los «pasivos» y finalmente del 9 al 10 en el de «promotores» de la empresa. Cabe destacar que, además de las nociones cuantitativas, la fidelización puede calcularse de manera cualitativa. Sin embargo, la comparación de los resultados en ese caso resulta más compleja, por lo que son menos precisos.

Reporting

Por último, el tercer enfoque de la gestión de la relación con el cliente es estadístico. Las herramientas de CRM permiten, en efecto, explotar los datos de la clientela para obtener KPI y calcular diferentes estadísticas relativas a las campañas de *marketing*, a las ventas de productos, etc. Entre los indicadores clave, encontramos, sobre todo:

- **la tasa de respuesta**, que es el número de personas que han respondido a una oferta de venta de la empresa. Puede calcularse sobre todo gracias a un cupón de respuesta usado por el cliente, o incluso mediante un código promocional grabado en un sistema;
- **la tasa de conversión**, que es el número de clientes potenciales que se han convertido en clientes durante un periodo determinado;
- **la tasa de retención**, que es el número de clientes que se han conservado a lo largo de un periodo en relación

con los nuevos clientes conseguidos durante el mismo periodo. Se opone a la tasa de desgaste, que corresponde al número de clientes perdidos;

- **la tasa de satisfacción**, que es una medida de la satisfacción de la clientela existente, que se puede completar con el Índice de Promotores Neto (IPN);
- **la tasa de quejas de los clientes**, que es el número de quejas registradas durante un periodo delimitado en relación con el conjunto de los clientes;
- **el retorno de la inversión (ROI)**, que es el volumen de negocios generado tras una campaña de *marketing* o tras el lanzamiento de un nuevo producto;
- **el coste de adquisición de un nuevo cliente**, que es el coste que representa la conversión y, por consiguiente, la adquisición de un nuevo cliente. Se puede calcular, en especial, a partir del presupuesto que se ha invertido en una campaña de *marketing*;
- **el valor actual neto del cliente**, que es el valor actualizado de los futuros beneficios que una empresa puede esperar por cada cliente.

Una buena gestión de la relación con el cliente va de la mano de una explotación eficiente del *Data Mining*, término que agrupa el conjunto de herramientas y técnicas que permiten extraer datos significativos, y cuyas correlaciones entre variables hemos expuesto más arriba. Este proceso, por ejemplo, lo adoptan organismos de crédito, que practican lo que se llama *Credit Scoring*, es decir, el cálculo de un riesgo asociado a un cliente que desea pedir un préstamo.

Asimismo, el *Data Mining* también resulta muy útil para extraer modelos de consumo. El objetivo perseguido aquí es el de determinar los productos que proponer a un cierto tipo de hogar en función de sus hábitos de consumo. Así, algunas grandes superficies utilizan las tarjetas cliente para descubrir lo que compran habitualmente los clientes y proponerles productos adaptados. Por ejemplo, un cliente al que le guste el chocolate y los dulces recibirá un catálogo en cuya portada habrá una promoción de chocolatinas mientras que a su vecino, que consume más bien verduras, se le hará una oferta estrella para los calabacines y las patatas. En realidad, cada una de estas personas forma parte de un segmento muy particular, y la comunicación se adapta en función de los grupos para atender mejor las necesidades de cada uno. Gracias a una eficiente gestión de los datos de los clientes, las cadenas de supermercados pueden editar un conjunto de folletos que respondan a las aspiraciones de los diferentes segmentos, y hacerles llegar ofertas personalizadas.

VENTAJAS DEL PROCESO CRM

El uso de una herramienta CRM ofrece numerosas ventajas, y a continuación te presentamos las principales.

Centralización y difusión de los datos del cliente en la empresa

- El CRM permite recordar las relaciones (B-to-B o B-to-C) y guardar el historial de los intercambios con un cliente/proveedor. Además, al hacer que el CRM sea accesible para todos en la empresa, todos los empleados, desde la venta hasta el departamento de facturación, pueden acceder fácilmente a estos datos.

- Favorece una gestión optimizada y estructurada de una masa muy importante de clientes, antiguos clientes y clientes potenciales, sin dejar de ofrecer un servicio personalizado en función de los segmentos definidos a través de un análisis de los datos. Sin una herramienta de estas características, y a menos que se conozca personalmente a cada cliente, sería imposible dirigirse a los diferentes consumidores como si fueran únicos.

La optimización del ciclo de vida del cliente — Entre adquisición y fidelización

- El CRM también permite llevar a cabo una vigilancia pasiva del valor que representa un cliente. Si hace un tiempo que este no consume, se puede activar una alerta para que un comercial retome las riendas del asunto para volver a contactarlo o reconquistarlo (transferencia de funciones entre colegas con total serenidad). Este sistema asegura la continuidad del servicio. Recordamos que el objetivo es arrastrar a los clientes, tanto como sea posible, hacia la espiral de compras.
- Facilita el anticipo de las necesidades y de las expectativas del cliente. Así, la observación del ciclo de este puede poner en evidencia oportunidades de *cross-selling* (venta de un producto de otra categoría) y de *up-selling* (venta de un producto de igual categoría, pero de estándar superior).

Relación *win-win* gracias a las ofertas personalizadas

- Con el análisis de los datos que contiene el sistema CRM, la empresa comprende mejor las necesidades y los hábitos de consumo de sus clientes y, en consecuencia, adapta su oferta (desde el producto, pasando por el canal de distribución, hasta la comunicación focalizada). De este modo, aumenta su rendimiento, ya que el cliente aprecia el servicio personalizado, lo que le conducirá a repetir la experiencia de consumo.

Las ventajas del CRM

HACIA UNA BUENA GESTIÓN DE LA RELACIÓN CON EL CLIENTE

LAS ETAPAS

Etapa 1 — Segmentación de la clientela

Para organizar su estrategia lo mejor posible, la empresa dividirá a su clientela en grupos, segmentos, definidos. Para ello, existen distintos modos operativos (la lista que presentamos a continuación no es exhaustiva).

- **La segmentación RFM** (del inglés *Recency*, *Frequency*, *Monetary*) divide en fragmentos el conjunto de los clientes en función de sus hábitos de consumo durante un periodo determinado.
    - ¿Cuándo fue su última compra?
    - ¿Con qué frecuencia compran?
    - ¿Cuánto costó esa última compra?

Este método muestra los diferentes rangos de los clientes en función del valor de la cesta de sus compras: se tiene que mimar a los mayores consumidores, a los que también hay que privilegiar; se tiene que vigilar a los consumidores que compran con moderación, y animarles para que accedan a la categoría superior; y en cuanto a los antiguos clientes, quizás sería interesante volver a contactar con ellos para intentar reconquistarlos.

- **La segmentación geográfica** delimita una zona geográfica (llamada en el caso de una tienda «área de influencia») que contiene un conjunto de clientes potenciales. Para hacerlo, un estudio de los clientes existentes mediante, por ejemplo, su código postal, permite delimitar la zona de donde proviene la mayoría. A continuación, para dar con buenos resultados, la empresa no deberá hacer más que concentrar sus esfuerzos de búsqueda de clientes en esta zona.

- **La segmentación en función de la ratio de Pareto**. Puesto que, según este principio, el 20 % de los clientes genera el 80 % del volumen de negocios, parece muy pertinente —igual que en el caso de la segmentación RFM— aplicar estrategias adaptadas a cada grupo segmentado, en vista del grado de necesidad de fidelización de los clientes.

¿QUÉ ES EL PRINCIPIO DE PARETO?

El principio de Pareto, o la regla del 80/20, es un principio de análisis enunciado por un economista italiano llamado Vilfredo Pareto (1848-1923), que afirma que el 20 % de las causas genera el 80 % de las consecuencias. Esta ratio encuentra un cierto eco en la mayoría de los ámbitos en economía.

Cabe destacar que todavía existen otras posibilidades de segmentación, y que la elección depende del tipo de empresa estudiada. Una segmentación en función de la talla y del peso de los clientes, por ejemplo, será útil para el sector del *prêt-à-porter*, mientras que una segmentación en función de la edad resultará más pertinente para el sector del ocio.

Etapa 2 — La comunicación con el cliente

Una vez se han seleccionado los clientes potenciales tras la segmentación, hay que concebir un discurso apropiado para que cada uno de ellos se sienta único y escuchado. Se trata de uno de los puntos más importantes de la gestión de la relación con los clientes, ya que estos cada vez son más, y más exigentes. Así pues, la estrategia vinculada con la construcción de la relación con el cliente implica proponer y utilizar todos los medios de comunicación posibles para dejarle elegir al cliente cómo y cuándo quiere contactar con la empresa, por la razón que sea (problema, solicitud de información, compra o queja). Estos principales medios de comunicación son los siguientes:

- Internet, vía correo electrónico, redes sociales, foros, chats en la página web, formularios;
- los dispositivos móviles, como las tabletas y los *smartphones*, a través de SMS o de aplicaciones;
- el cara a cara, mediante un vendedor o un representante comercial;
- el correo postal;
- el fax;
- etc.

LAS ESTRATEGIAS DE COMUNICACIÓN

Existen cuatro estrategias de comunicación *marketing* diferentes, que permiten llegar al cliente.

- **El *marketing* masivo** es la estrategia más habitual: se dirige al conjunto de consumidores, sin

diferenciarlos.
- **El *marketing* diferenciado** segmenta a los clientes en varios grupos: se comunica con cada uno de ellos de manera distinta.
- **El marketing concentrado** se centra en pequeños segmentos del mercado.
- **El marketing *one-to-one*** (*one-to-few* en la mayoría de los casos) se comunica con cada consumidor de forma individual y personalizada.

Etapa 3 — La fidelización

Cuando un cliente procede a comprar un producto o un servicio, hay que hacer todo lo posible para incitarlo a que vuelva «hacia el espiral» y repita su gesto. La técnica de la oferta personalizada puede resultar determinante para asegurarse de la adquisición efectiva del consumidor. Al centrarse en la satisfacción del cliente, este proceso proactivo busca, de manera implícita, fidelizarlo. En el mismo orden de ideas, la empresa puede decidir implementar un programa de gestión de las preguntas y de las quejas, un sistema de recordatorio automático para antiguos clientes que hace mucho tiempo que no consumen o incluso un programa de fidelización mediante «bonificación», que ofrezca descuentos a partir de una cierta cantidad de compras.

Las herramientas que los comerciales y los vendedores tienen a su disposición para facilitar esta fidelización y construir la relación con el cliente son numerosas. A continuación, detallamos las más importantes:

- el sitio web, que proporciona información complementaria sobre todo el catálogo de los productos;
- el boletín, que recuerda la marca al cliente y que permite, sobre todo, destacar las promociones del momento;
- las invitaciones a salones o a ventas exclusivas, para crear un contacto directo con el cliente y recopilar sus datos;
- las relaciones públicas;
- las promociones o cupones personalizados;
- las muestras gratuitas;
- los contactos telefónicos;
- las tarjetas de fidelización;
- el soporte o el servicio posventa;
- etc.

Entre todas las herramientas, los programas CRM son, de lejos, los más eficientes, puesto que combinan varias de las herramientas citadas en la lista.

En esta etapa, es importante señalar que los medios de comunicación también dependen de la industria y del tipo de producto de cada empresa. Para un producto con un gran valor tecnológico, como una impresora 3D para industrias, se necesitará una comunicación cara a cara, ya que sus especificidades pueden ser complejas de explicar y de aplicar, mientras que un objeto cualquiera se podrá comercializar fácilmente en Internet sin la intervención de un intermediario o de un asesor.

* Vela por actualizar de forma regular la información de tus clientes en la base de datos, para que en cualquier momento puedas utilizar estos datos. Antes de iniciar un proceso CRM, asegúrate de la calidad y del buen estado de tu base (cuidado con la información repetida y con los errores al subir los datos).
* Asimismo, tienes que cuidar de la protección de los datos personales de tus clientes, puesto que tienen derechos que la empresa debe respetar. En especial, el derecho de acceso, de modificación y de supresión de los datos. La empresa tampoco puede divulgar estos datos sin el consentimiento explícito del cliente.
* No segmentes demasiado tu clientela, puesto que los grupos definidos tienen que seguir siendo operativos (dicho de otra forma, la empresa tiene que poder utilizarlos). Cabe recordar que los grupos de segmentación tienen que ser homogéneos, alcanzables y distintos los unos de los otros.
* No te olvides de medir los esfuerzos empleados en una estrategia de gestión de la relación con el cliente, basándote en los datos de los que dispones.
* Lleva a cabo una comunicación multicanal —y evita privilegiar un medio en particular— para dejar que el cliente elija cómo quiere entrar en contacto con la empresa.
* Seduce poco a poco al consumidor, es decir, no lo acoses, ya que podrías perderlo. Recuerda que la fidelización es más barata que la adquisición de nuevos clientes.

ESTUDIOS DE CASO

Ejemplo 1 — Mobile Telecom, una segmentación descriptiva

Nuestro primer ejemplo tiene que ver con una empresa de telecomunicaciones, Mobile Telecom, que desea aumentar su volumen de negocios fidelizando a sus clientes existentes. Para hacerlo, les propone ofertas telefónicas adaptadas a su consumo. Tras haber recogido los datos de comportamiento de sus clientes meta, el equipo de *marketing* puede dibujar el cuadro recapitulativo siguiente:

Cliente	Número de SMS	Número de llamadas
A	15	150
B	85	92
C	23	12
D	157	14
E	145	152
F	65	89
G	18	155
H	150	24
I	15	18
J	154	143

En el cuadro se compara a varios clientes (de A a J), de los que conocemos el número de llamadas realizadas y de mensajes enviados durante un mes. Para aquellos que deseen tener la información organizada de forma más visual, presentamos a continuación la información en forma de gráfico, que nos revela nubes de puntos que forman categorías de clientes.

Comunicación por cliente

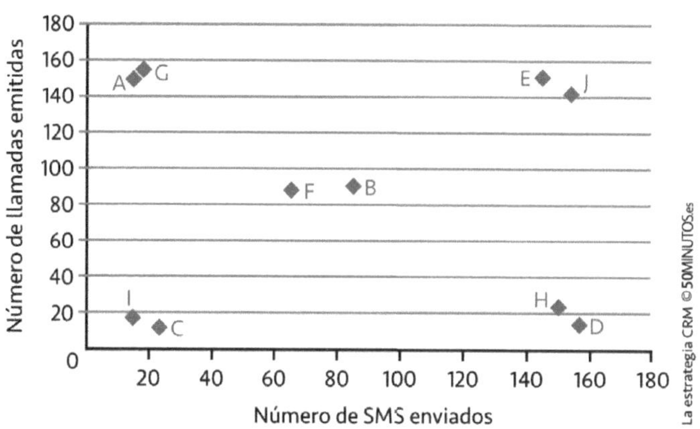

Desde esta perspectiva, resulta fácil distinguir los diferentes perfiles de clientes y delimitar segmentos. El consumo de llamadas y SMS de algunos es muy bajo, el de otros es bajo (en ambas cosas o en una de ellas) y, finalmente, los últimos tienen consumos más altos. Así pues, la comunicación y las ofertas que se les hace a estos clientes varían sensiblemente según su tipo.

- **Los clientes C e I** no consumen o tienen poco gasto. Frente a este tipo de personas, los trabajadores de *marketing* pueden decidir:
  - realizar todo cuanto sea posible para hacer que pasen

a la categoría superior;
  ◦ dejarlos de lado (es lo que ocurre más a menudo), ya que existen pocas posibilidades de que un día generen beneficio para la empresa.
- **Los clientes B y F** forman parte del grupo que cuenta con más consumidores. Estos clientes «medios», que no tienen preferencias de consumo, generan unos ingresos estables. El objetivo que persiguen aquí los comerciales es conservar a estos clientes, haciéndoles ofertas complementarias de vez en cuando para conseguir que sean como los clientes E y J.
- **Los clientes D/H y A/G** realizan un consumo principalmente de SMS y de llamadas, sin duda según sus preferencias. Así, resulta interesante presentarles una oferta limitada, combinando, por ejemplo, su tipo de consumo favorito con el otro a un precio más interesante. Esta estrategia permite ampliar la gama de los productos vendidos y convertir a algunos de sus clientes en muy buenos consumidores.
- **Los clientes E y J son los mejores clientes. Hay que conservarlos a toda costa para que no se pasen a la competencia, haciéndoles ofertas cada vez más ventajosas y personalizadas: tarifas especiales, sistema de puntos en función de su consumo que les dé acceso a otras ventajas, etc.**

Aunque este gráfico hace que aparezcan claramente las distintas categorías y estrategias que hay que tener en cuenta en función de los segmentos, en la vida real no siempre resulta tan claro. Los clientes pueden estar esparcidos por el gráfico, por lo que hay que proceder a una segmentación más exhaustiva para clasificarlos en un grupo particular. En conclusión, en nuestro caso podemos utilizar muchos canales. Para los clientes existentes, puede tratarse del teléfono y los SMS, pero, en el caso de una prospección más amplia, la publicidad en los medios o las relaciones públicas también se utilizan de forma amplia.

COMPROBAR LOS RESULTADOS

Aunque no siempre es posible medir claramente el impacto de una campaña de *marketing* en las ventas, algunos canales de recordatorio, como el *mailing*, pueden asegurar un buen seguimiento de las repercusiones de la campaña o, por lo menos, proporcionar buenas estimaciones.

De este modo, la tasa de conversión —entre clientes ocasionales y buenos clientes— se puede calcular específicamente:

$$\text{Tasa de conversión} = \frac{(\text{Número de clientes que han evolucionado})}{(\text{Número total de clientes})} \times 100$$

Si teníamos 6 clientes de 10 que se han pasado a una oferta superior o que han aumentado su consumo, nuestra tasa de conversión es de:

$$\frac{6}{10} \times 100 = 60\ \%$$

Asimismo, se puede calcular la **tasa de retención** de los clientes, es decir, el porcentaje de clientes que se han mantenido fieles a la empresa, en relación con aquellos que se han pasado a la competencia. Para un año entero, el cálculo es el siguiente:

$$\text{Tasa de retención} = \frac{(\text{Número de clientes presentes desde hace un año o más})}{(\text{Número de clientes presentes desde hace un año})} \times 100$$

Si Mobile Telecom tenía 12 clientes el año anterior, y hoy 8 de ellos se han mantenido fieles, nuestra tasa de retención es de:

$$\frac{8}{12} \times 100 = 67\ \%$$

Por el contrario, puesto que la **tasa de desgaste** representa la parte de clientes que la empresa ha perdido, se eleva a:

$$\text{Tasa de desgaste} = 100\ \% - \text{tasa de retención}$$

y, en este caso,

$$100\ \% - 67\ \% = 33\ \%$$

Ejemplo 2 — Home-Brico, una segmentación *a priori/a posteriori*

En este segundo caso práctico, la empresa concernida es Home Brico, una tienda de bricolaje a la que le gustaría conocer y comprender quiénes son sus clientes actuales, para lograr atraer a otros del mismo tipo que todavía no habrían sido sometidos a un dispositivo de comunicación de la empresa. Así pues, en este caso, el objetivo que se persigue ya no es la fidelización de los clientes, como en el caso de Mobile Telecom, sino la búsqueda de nuevos clientes.

Para reducir al máximo los costes manteniendo la eficacia del proceso, el gerente pide a los vendedores que graben el código postal de cada cliente que se presente en las cajas de la tienda. Así, logra delimitar el área de influencia actual.

El área de influencia actual

El conjunto de los consumidores (el mercado)

Al continuar con esta reflexión, define una nueva área de influencia teórica; es lo que llamamos segmentación *a priori*. Home Brico, al basarse en la procedencia de los clientes actuales, determina su mercado objetivo. Aquí, la zona amarilla es la que comprende los clientes potenciales que la empresa podría conquistar.

La segmentación *a priori*

El conjunto de los consumidores (el mercado)

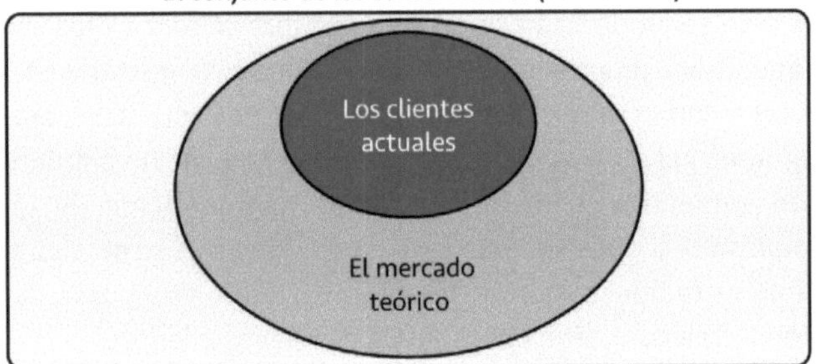

Llega el turno de un nuevo ciclo de segmentación, al que llamamos segmentación *a posteriori*. La empresa, al conocer el mercado teórico, es decir, los clientes potenciales de la zona amarilla que vemos aquí arriba, se podrá dirigir a ellos, por ejemplo, a través de una campaña de publicidad. Los nuevos clientes que responderán favorablemente a la marca representarán así el mercado real de la empresa. Así pues, no se trata necesariamente del mercado teórico calculado antes:

La segmentación *a posteriori*

El conjunto de los consumidores (el mercado)

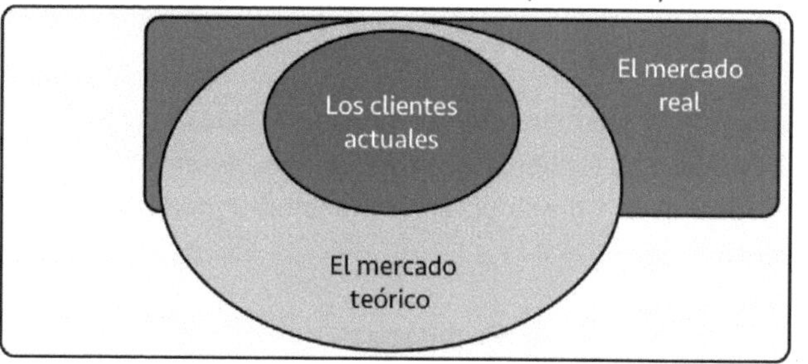

Los principales esfuerzos de *marketing* se llevan a cabo en la zona *a posteriori*

La empresa, al realizar una nueva segmentación en dos fases, se asegura de dirigirse única y personalmente a sus consumidores potenciales. Igual que para el primer ejemplo, se recomienda comprobar de forma rigurosa el rendimiento de la nueva segmentación y de la focalización calculando, por ejemplo, la tasa de conversión para sacar las conclusiones predominantes.

REPERCUSIONES

LÍMITES DEL MODELO Y CRÍTICAS

Aunque la implementación de una estrategia de gestión de la relación con el cliente aporte algunos beneficios para la empresa, este proceso presenta, inevitablemente, algunos límites:

- **los datos de carácter personal.** La empresa que aplica un proceso CRM no puede utilizar los datos de los clientes a su antojo. Existen muchas normativas, entre las cuales destaca la Directiva Europea del 24 de octubre de 1995 relativa a la protección de datos de carácter personal. Simplificando, una empresa no puede recopilar todos los tipos de datos, no puede utilizarlos sin el consentimiento del cliente, y debe dejar libre acceso a ellos y la posibilidad de eliminarlos;

LAS NOCIONES DE *OPT-IN* Y DE *OPT-OUT*

Las nociones de *opt-in* y de *opt-out* están estrechamente vinculadas con la protección de los datos de carácter personal, y definirán de qué manera las empresas lograrán recopilar los datos.

- En el caso del *opt-in*, el consentimiento previo del cliente es explícito, es decir, que el internauta marcará (o desmarcará en el caso del *opt-in* pasivo) una casilla en un formulario para que sus datos sean utilizados con fines comerciales.

- En cuanto al *opt-out*, aporta un comportamiento implícito. El internauta marcará (o, también, desmarcará en el caso del *opt-out* pasivo) una casilla en un formulario para que sus datos de carácter personal no sean utilizados. Así pues, se induce a que el consentimiento se dé hasta la retracción.

- **la obtención de los datos.** La adquisición y el mantenimiento de los datos de los clientes, vinculados con el primer punto, a veces resultan complicados. Actualmente, las grandes empresas pueden acceder fácilmente a informaciones generales, como el nombre, el número de IVA o la dirección, pero algunos datos, como las preferencias de consumo, son más complejos de obtener;
- **la identificación de la clientela.** A veces resulta difícil instaurar una estrategia CRM si los clientes no son identificables o si lo son poco, lo que ocurre normalmente con los que están de paso en las estaciones de servicio: son muchos y están muy diversificados;
- **los costes de un CRM.** Los costes de implementación y de gestión de una estrategia CRM pueden ser relativamente importantes, sobre todo si la aplicación está vinculada con un ERP más global, o si ofrece posibilidades de estadísticas y de informes exhaustivos;
- **la implicación de todos los miembros de la empresa en el proyecto CRM.** Los vendedores y los trabajadores de *marketing* participarán en el proyecto si ven un interés directo en él (mejora de su rendimiento, por ejemplo). En el caso contrario, si no perciben más que una carga de trabajo adicional, no se comprometerán por completo, y

se corre el riesgo de que el proyecto cueste más de lo que aportará a la empresa.

EXTENSIONES Y MODELOS CONEXOS

El SRM o «gestión de la relación con el proveedor»

El SRM (*Supplier Relationship Management*) es, al igual que el CRM, una estrategia que permite optimizar las interacciones entre partes implicadas; en este caso, se trata de los proveedores. El SRM facilita, entre otros, la comunicación (muy a menudo por vía informática automatizada), el suministro de las mercancías (posibilidad de hacer que sea automático a través de la activación de alertas específicas) y, finalmente, la elección, la selección y la negociación con los proveedores.

El ERM o «gestión de las relaciones con el empleado»

El ERM (*Employee Relationship Management*) se parece al CRM, puesto que permite gestionar los recursos humanos de una empresa: la gestión de los salarios, los accesos a la informática, los seguimientos de las trayectorias profesionales, las ofertas de formación o incluso la comunicación general.

El *Social CRM*

El *Social CRM* es una evolución del CRM que actúa a nivel de las redes sociales más conocidas, como Facebook, LinkedIn o Twitter. Al ofrecerle una dimensión adicional al CRM tradicional, la empresa puede captar mejor los deseos de los consumidores y, por consiguiente, responder a sus necesidades de forma óptima.

El VRM o «gestión de las relaciones con el vendedor»

El VRM (*Vendor Relationship Management*) es un concepto que hoy en día sigue siendo relativamente teórico. Nacido bajo el impulso de asociaciones de consumidores, busca dejar elegir al cliente las empresas con las que trata, y gestionar esas relaciones. Así como una empresa tendría su CRM con la lista de sus clientes, de sus clientes potenciales y eventualmente de sus clientes perdidos, el consumidor tendría una lista de las tiendas que frecuenta y de otras que podrían interesarle, permitiéndole así que gestione él mismo sus informaciones, en especial los datos de carácter personal.

EN RESUMEN

- El CRM, por sus siglas del inglés *Customer Relationship Management,* designa el conjunto de las herramientas y las teóricas que permiten gestionar y enriquecer a largo plazo las relaciones con los clientes actuales, los antiguos y los potenciales.
- La herramienta informática homónima permite gestionar una gran cantidad de clientes —y de datos relacionados con ellos— mientras se establece una comunicación personal con ellos.
- El CRM valoriza la relación con el cliente gracias a distintas acciones:
  - la segmentación de los clientes en pequeños grupos homogéneos que permiten que una empresa los conozca mejor y adapte su discurso en consecuencia. Las variables más utilizadas son geográficas, firmográficas, sociodemográficas, comportamentales, socioeconómicas y psicográficas;
  - la fidelización de los clientes existentes. Puesto que fidelizar a consumidores cuesta menos que conquistar a nuevos, a las empresas les interesa implementar una estrategia CRM (espiral de compra);
  - el *reporting* de datos, es decir, el cálculo y análisis de numerosos indicadores clave (KPI), que proporciona correlaciones y otras estadísticas para favorecer una mejor gestión de la empresa junto con una toma de decisiones óptima (minimización de los riesgos).
- Las ventajas son consecuentes. Al facilitar la gestión de un gran número de clientes —lo que implica contactos

privilegiados y personalizados con cada uno de ellos—, el CRM contribuye a mejorar la calidad del servicio y de la comunicación externa, lo que se traduce por un aumento del beneficio neto por cliente y un aumento del volumen de negocios.

• Sin embargo, el modelo sufre algunos límites: una empresa no puede explotar todos los datos personales como desea, sino que existen normativas al respecto que protegen a los consumidores y sus informaciones. Los clientes no siempre son identificables, lo que también constituye un freno para el CRM, mientras que a veces su aplicación y su mantenimiento puede resultar muy caro. Finalmente, la obtención de datos como las preferencias de consumo puede ser una tarea pesada.

• El ERP, en relación con el CRM, permite centralizar todas las funciones importantes de una empresa en una aplicación con una base de datos única. En cuanto al ERM, o «paquete de aplicaciones de gestión integradas», permite la gestión de los recursos humanos y, el SRM, por su parte, hace lo propio con la gestión de los proveedores.

PARA IR MÁS ALLÁ

FUENTES BIBLIOGRÁFICAS

- Adary, Assaël. 2008. *Évaluez vos actions de communication*. París: Dunod.
- Alard, Pierre. 2000. *La stratégie de relation client*. París: Dunod.
- Amidou, Loukouman. 2012. *Marketing des réseaux sociaux*. Boulogne-Billancourt: MA éditions.
- Bennett, Travis. 2014. "7 Types of Market Segmentation". *Udemy*. 17 de abril. Consultado el 12 de enero de 2017. https://blog.udemy.com/types-of-market-segmentation/
- C-Radar, "La firmographie, un outil intelligent pour comprendre, identifier, vérifier et détecter". Consultado el 12 de enero de 2017. http://www.c-radar.com/2014/09/firmographie-outil-intelligent-comprendre-identifier-verifier-detecter/
- Delers, Antoine. 2016. *El principio de Pareto*. Traducido por Marina Martín Serra. Bruselas: Plurilingua Publishing.
- Divard, Ronan. 2010. *Le marketing participatif*. París: Dunod.
- Ghannam-Zaim, Ouaffa. 2012. "La segmentation". *Institut Supérieur du Commerce et d'Administrations des entreprises*. 14 de diciembre. Consultado el 12 de enero de 2017. http://fr.slideshare.net/enams90/la-segmentation-en-marketing
- Cyber Law Harvard, "Project VRM". Consultado el 12 de enero de 2017. http://cyber.law.harvard.edu/projectvrm/Main_Page

- Krebs, Geneviève. 2004. *Nouvelles pratiques client-fournisseur*. Saint-Denis-La-Plaine: Afnor.
- Lefébure, René y Gilles Venturi. 2004. *Gestion de la relation client*. París: Eyrolles.
- McMahon, Chuck. "The 16 Marketing KPIs You Should Be Measuring (But Probably Aren't)". *VTL Design*. Consultado el 12 de enero de 2017. https://vtldesign.com/inbound-marketing/16-marketing-kpis-to-measure/
- Peelen, Ed, Frédéric Jallat y Éric Stevens. 2014. *Gestion de la relation client. Total relationship management, Big data et marketing mobile*. París: Pearson.
- Rao, Srikumar S. 1998. "Diaper-beer syndrome". *Forbes.com*. Junio. Consultado el 12 de enero de 2017. http://www.forbes.com/forbes/1998/0406/6107128a.html
- Rouse, Margaret. 2014. "Customer Relationship Management". *TechTarget*. Noviembre. Consultado el 12 de enero de 2017. http://searchcrm.techtarget.com/definition/CRM
- Van Dessel, Gert. "Net Promoter Score". *CheckMarket*. Consultado el 12 de enero de 2017. https://fr.checkmarket.com/2011/06/votre-net-promoter-score/

FUENTES COMPLEMENTARIAS

- Baranzelli, Stéphane. "Les stratégies de fidélisation". *Experian*. http://www.experian.fr/marketing-services/videos/avis-experts/strategies-de-fidelisation-client.html

en50MINUTOS.es
Historia
Economía y empresa
Coaching
Book Review
Salud y bienestar
EL DIAGRAMA DE ISHIKAWA
Material Método Máquina
Madre Naturaleza Medida Hombres
LA GUERRA DE PALESTINA DE 1948
DOMINA EL ARTE DEL NETWORKING
¡APRENDER NUNCA ANTES FUE TAN RÁPIDO!
www.en50minutos.es

www.en50Minutos.es

ISBN ebook: 9782806280534

ISBN papel: 9782806288240

Depósito legal: D/2016/12603/689

Libro realizado por <u>Primento</u>, *el socio digital de los editores, el socio digital de los editores*